# La Maîtresse du Désir

## WENDY HAVLIR CHERRY

Traduction et adaption française:

Zoé Genet

**WOMANCRAFT PUBLISHING**

Titre original : The Mistress of Longing

© Wendy Havlir Cherry 2019

La Maîtresse du Désir, 2021

Texte français, Zoé Genet

Tous droits réservés. Toute reproduction d'un extrait quelconque de ce livre par quelque procédé que ce soit, et notamment par photocopies, enregistrement ou tout autre méthode électronique ou mécanique est interdite sans autorisation écrite de l'éditeur, excepté dans les cas de brèves citations contenues dans des revues critiques et certains autres usages non commerciaux autorisés par la loi du copyright.

Cover art © Lisbeth Cheever-Gessaman

Illustration : Lucent Word

Édition française publiée par Womancraft Publishing, 2021

www.womancraftpublishing.com

ISBN 978-1-910559-74-1

# Éloges à la Maîtresse du Désir

*Ce livre est une pure merveille, un cadeau pour l'âme féminine. La Maîtresse du Désir vous accompagnera quotidiennement pour faire de votre vie un ode au plaisir, à la dévotion, à la gratitude. Ces mots d'une poésie non ordinaire sont bouleversants; leur lecture est radicalement transformatrice, portant chaque femme vers son épanouissement intérieur. Ouvrez ce livre comme on déguste une vérité délicieuse et revenez-y le plus souvent que vous pourrez. Chacun de vos instants en sera transformé; la réceptivité, l'abandon amoureux, la force de la douceur sont - enfin - la voie d'une spiritualité féminine accomplie.*

**Marianne Grasselli Meier, auteure et
pionnière des *Cercles de femmes***

*La Maîtresse du Désir est un portail mystique dans une somptueuse dimension de la vie à laquelle nous avons toutes accès. C'est une invitation sacrée à embrasser, incarner et danser avec notre désir. La Maîtresse du Désir ne nous offre pas seulement la permission d'accéder à nos désirs mais les considère comme une porte sacrée de notre sentiment d'appartenance. Je me suis surprise à l'accueillir comme une manne céleste. C'est véritablement une pure, forte et puissante transmission de Vérité Divine. J'ai expérimenté des cascades de sensations dans mon corps alors que mon cœur et mon âme ont été éveillés par La Maîtresse du Désir. J'ai voulu dévorer le livre entier, mais j'ai reconnu le besoin de ralentir et de me pacifier pour recevoir et métaboliser pleinement sa sagesse. Ce livre est une nouvelle ressource pour moi. J'y retournerai encore et encore – en partie ou entièrement – pour son côté profondément nourrissant, sa guidance et son support.*

**Joni Advent Maher, créatrice du podcast
« Trust Your Sacred Feminine Flow »**

*La Maîtresse du Désir est comme le parfum et la douceur des pétales de rose offertes à l'ensemble de nos cœurs. C'est une invitation profonde à vivre avec nos désirs et en eux, à offrir notre poésie propre, encore et encore. Wendy Havlir Cherry parle directement à l'âme et murmure à nos peurs et hésitations, nous invitant à vivre la plénitude de notre être. Non seulement elle nous inspire, mais elle nous offre aussi des exercices aidants, concrets et puissants, pour cheminer. Accueillez cette abondance.*

**Heidi Rose Robbins, podcast « The radiance project »**

*Wendy Havlir Cherry nous délivre des lignes lyriques, couplées à des visions aiguisées, qui parlent de la façon dont nous nous connectons à nous-mêmes et les unes aux autres avec une plume habile et éblouissante.*

**Briana Saussy, autrice de *Making Magic: Weaving Together the Everyday and the Extraordinary***

*La Maîtresse du Désir est une magnifique invitation à s'ouvrir à une sagesse, un guide d'accès, pour nous connecter, et pour créer. Dans un monde qui souvent engourdit nos impulsions et nos désirs, La Maîtresse du Désir nous rappelle amoureusement au centre de nous-mêmes, nous stimule à nous élever avec passion et courage pour clamer notre droit de naissance à prospérer plutôt que de simplement survivre.*

**Amy Bammel Wilding, autrice de *Wild & Wise***

*La Maîtresse du Désir est une bouffée d'air frais créative. Cela m'inspire à écouter mes mouvements intérieurs. A me rappeler que mes plus belles et plus sauvages visions – ainsi que les prochains pas pour les mener à la concrétisation – sont en moi, juste en attente d'être découverts, si je façonne le temps et l'espace pour les écouter.*

**Katie Hess, autrice de *Flowerevolution : Blooming into Your Full Potential with the Magic of Flowers***

*Wendy Havlir Cherry t'attirera et t'invitera à entrer dans la forêt de l'éveil qui réside dans ton cœur. C'est luxuriant, vert, boisé et sauvage. Dans La Maîtresse du Désir, Wendy ouvre un monde que l'on voit rarement exprimé – le monde du féminin succulent, créatif, et sensuel. Cela peut être dur de mettre en mots le principe féminin. Comme mystère Elle-même, Elle défie la définition. Malgré cela, Wendy écrit à partir du cœur, véritablement à partir de cette forêt de l'éveil. Permets-toi d'être attirée dans le monde d'Elle.*

**Julie Daley, CPCC, cataclysme d'innovation,
coach en leadership de transformation**

*Dans La Maîtresse du Désir, Wendy Havlir Cherry nous transporte dans le pouvoir de ses rêves jusqu'à nos désirs tendres et cachés. Ce livre nous emmène dans une méditation sur ce que nous voulons vraiment, et à quel point nous méritons véritablement ce qui sert notre plus grand bien. Je pourrais voir ce livre comme un joyeux guide pour groupe de femmes qui pourrait se focaliser sur un chapitre à chaque rencontre. Le poème serait une entrée pour les profondes conversations à cœur ouvert. Ligne après ligne, les femmes ont l'opportunité de discerner leurs plus authentiques désirs. C'est une telle douceur !*

**Gina Martin, autrice de *Sisters of the Solstice Moon* et *Walking the Threads of Time* de la série « When She Wakes »**

# Introduction

En tant qu'éditrice je travaille au service des autrices, de la Source Créative et de leurs créations reliantes au monde, facilitant cette connexion. Au cours de ce travail, il y a des moments magiques lorsqu'un livre arrive avec une vie propre si forte, qu'on en frémit.

*C'est un tel livre.*

*Trompeusement petit.*

*Il contient une réelle magie.*

À la première lecture du manuscrit de La Maîtresse du Désir, j'ai réalisé que j'entrais en processus. Ou plutôt que le processus entrait en moi. L'âme du travail, sa couverture, la façon dont il avait besoin d'être partagé, les personnes que nous avions besoin d'approcher pour leur appui, tout est apparu à mon esprit. Tout ce qui m'était demandé était de me fier au processus et de dire oui. J'ai eu cette expérience à certains niveaux avec la majorité de nos livres. Avec La Maîtresse du Désir, c'était incroyable… Comme me brancher directement à la Source. Notre premier appel d'autrice / éditrice a été pour le moins inhabituel. Il n'y avait aucun doute pour nous deux que La Maîtresse du Désir était présente et avait activé tout le processus. Notre conversation commença avec les mots « tu es magnifique », et se poursuivit immédiatement en larmes mutuelles; une connexion partagée de cœur à cœur.

En tant qu'autrice, ma fascination personnelle est de donner voix aux archétypes du Féminin perdus. Je suis si profondément reconnaissante à Wendy de m'avoir introduite à l'archétype du Féminin qui a toujours été là, mais qui restait sans nom. Autoriser la voix de La Maîtresse du Désir à venir à travers elle est un profond acte de service.

Ce que j'ai besoin de te dire : La Maîtresse du Désir est vraie et réelle. Elle n'est pas fabriquée. Tu n'as pas besoin de croire en Elle. Quand tu ouvres ce livre, tu ouvres un portail à une transmission énergétique directe – peux-tu laisser ton cœur et ton esprit recevoir cette possibilité ?

*Laisses simplement les mots de la page réveiller ta mémoire. Prends une grande inspiration.*

*La Maîtresse du désir est là. Pour toi.*

*Parsemant des pétales de rose à tes pieds, en signe de bénédiction.*

Lucy H. Pearce

*Ne te retiens pas*
*Sois le visage de la terre*
*C'est la créativité*
*Que je veux te montrer*
*Allume-moi.*

**La Lampe à Beurre**

En mars dernier à l'équinoxe de printemps, j'ai reçu un poème alors que je dormais. J'ai reçu de nombreux poèmes au fil des ans pendant le temps du rêve. Habituellement, je suis capable de capturer les thèmes, les images, et d'autres nuances de mes rêves qui deviennent ensuite des poèmes.

Mais ce poème était différent.

Il continuait à bourdonner à travers mes rêves, mot-à-mot, jusqu'à ce que je me réveille. C'était une invitation à écrire ce livre. Bien que je ne le sache pas à ce moment. Tout ce que je comprenais vraiment était que la Lampe à Beurre était l'autrice du poème. Et la Lampe à Beurre entendait me faire sortir de mon lit cette nuit-là. Quand j'écrivis les mots, je fus fascinée. Je fus également confuse. Je n'étais pas sûre de ce que – *sois le visage de la terre* – signifiait.

Je savais toutefois, jusque dans mes os, que j'avais été restreinte et le temps était venu d'émerger dans ma vie d'une façon nouvelle est différente.

Je me rappelais aussi que des années plus tôt, une amie m'avait donné une lampe à beurre qu'elle avait ramenée d'Inde. Depuis, cette lampe à beurre était posée sur mon autel.

Mais je ne l'avais jamais utilisée pour éclairer.

Je sentais que ce rêve, ce poème, me disait quelque chose au sujet de la compréhension de la lumière. Ainsi, ce poème devint une sorte de mystère que je mis au creux de mon cœur, confiante qu'à un certain point, je comprendrais son message plus clairement.

Je plaçais la lampe à beurre sur un autel à mon bureau, et l'allumais chaque jour. Cela devint un geste de ma dévotion à ce que l'on me montre! Comme le poème l'avait signifié.

Environ six mois plus tard, un autre poème vint.

C'était la seconde occasion qu'un poème entier me soit délivré dans mon sommeil, mot à mot. Au début je résistai. J'étais fatiguée, c'était le milieu de la nuit, et le lit était si chaud et doux.

Mais l'autrice du poème était férocement insistante, me psalmodiant les mots encore et encore, jusqu'à ce que je ne puisse m'empêcher de me lever.

Ouvrant les yeux, j'étais emplie de désir.

Je désirais savoir ce qu'elle voulait de moi. Ce qu'elle voulait me dire. Et ce désir de savoir fut sans effort dès que mes pieds eurent touché le sol.

Dans le noir de la nuit, je sortis du lit et descendis les escaliers à pas feutrés jusqu'à mon bureau. J'allumai une lumière et tapai les mots sur mon ordinateur.

Quand je vis ce qui émergeait, je sus que quelque chose d'incroyablement spécial arrivait. J'eus l'immédiate sensation que c'était plus qu'un poème. Je compris qu'elle avait quelque chose de plus grand à l'esprit.

Les mots de mon rêve – Je suis La Maîtresse du Désir – devinrent un mantra qui réveilla quelque chose de profond à l'intérieur de moi. Ce fut comme si s'étaient instillées dans mes veines, ces lignes poétiques de vérité, le tout émergeant des couches numineuses** d'une ancienne sagesse, perméable à la lumineuse expérience de la vie.

Telles des clés qui ouvraient, porte après porte, sur de nouvelles perceptions.

Ces mots ont changé ma vie, profondément. Ils m'ont réveillée de tant de façons, pas seulement d'un état d'endormissement, de rêve. Cela inclut la conscience que ces mots ne sont pas juste à mon propos, mais aussi à ton sujet, et au sujet de tout ce qui nous veut.

Le processus de réception des mots, ma volonté de m'y fier, et la source de laquelle ils venaient, fut une initiation semblable en rien à ce que j'avais jamais connu.

..................................

\* N.d.tr : expérience de la conjonction des opposés que sont l'attraction et la répulsion face à l'irruption du sacré dans la vie. Phénomène mystérieux, que l'on ne peut expliquer de manière rationnelle, et qui laisse à penser qu'il est relatif au divin.

Je commençai à être curieuse au sujet de la voix derrière ces mots, et je découvris qu'elle voulait que nous en sachions bien plus... Sur Elle... Sur nous-mêmes... Les unes des autres.

Au cours des années précédentes, je savais qu'il y avait un livre en moi qui attendait d'être écrit. J'avais la sensation de le savoir. C'était comme si j'étais enceinte. J'attendais, attendais de savoir de quoi serait fait ce livre.

A un moment, j'essayai de produire le livre, car je commençais à penser que j'étais folle avec cette notion de savoir que « j'étais enceinte d'un livre ». Mais cela ne marchait pas. Je me sentais bizarre et maladroite chaque fois que je m'en approchais et je devins de plus en plus résistante au processus d'écriture.

Jusqu'à ce que le poème arrive, je n'avais aucune idée de ce que le livre allait être. On m'aurait demandé, j'aurais répondu que je n'en avais aucune idée. Mais je savais. Simplement je savais. Je ne peux l'expliquer autrement. Quelque chose grandissait en moi.

Imagine la magie et l'excitation que j'ai ressenties quand j'ai finalement compris, exactement, ce qui demandait à prendre vie! Pendant le mois de septembre je me suis simplement assise avec la certitude que le poème était le livre. Mais j'étais un peu effrayée et je n'en ai rien fait.

Les choses commencèrent à changer, quand, un jour de fin septembre je demandai de l'aide pour écrire le livre lors ma pratique de dévotion quotidienne. Cette nuit là, je trouvai la personne qui m'aiderait à donner naissance au livre en prenant de réelles mesures pour le mettre en forme.

C'était comme de la magie.

L'expérience d'écriture du livre n'a été rien d'autre qu'admiration et émerveillement, gratitude et amour. Le processus d'être avec son autrice m'a rendue humble et a changé ma vie.

Je sais que ce livre est pour toi. Il est pour nous toutes. C'est une lettre d'amour pour éveiller ton âme. C'est une carte qui peut te guider jusqu'aux racines de ton cœur : le lieu où ton véritable savoir et tout ce que tu désires réside.

Au moment où nous avons besoin de plus d'amour, plus de joie, au milieu de cette incroyable incrédulité et transformation choquante quotidienne, Elle est là, telle une carte au trésor, nous guidant jusqu'à une nouvelle frontière d'espoir, d'expansion et de révolution sacrée.

Nous sommes appelées à créer une nouvelle façon d'être présentes aux défis, ainsi qu'une nouvelle façon d'être présentes à la joie. On nous appelle à comprendre le sens de l'harmonie, de la générosité, et de la compassion profonde pour tout ce qui vit, partout.

Je crois que les mots de ces pages sont ici tels une aide à donner naissance à des façons de vivre plus emplies de compassion. Ces mots révéleront et nous rappelleront que nous sommes déjà entières et équipées à gérer le défi et la perte, la peur et le désir, de façon qui encouragent plus de facilité et de grâce. Pas seulement pour nous-mêmes, mais pour le bénéfice de l'humanité.

C'est un temps durant lequel nous avons besoin de porter la sagesse de ce qui importe le plus : notre connexion au vaste inconnu, et notre connexion les unes aux autres.

Dans les pages suivantes, tu trouveras le poème venu pour nous cette nuit de septembre. Tu déverrouilleras les enseignements de chaque salle, comme cela m'a été donné par La Maîtresse du Désir.

Celle qui est la véritable autrice du poème. Tu recevras également des étapes claires et des façons de travailler avec cette information dans le dernier chapitre.

Que tu lises le livre d'un bout à l'autre, ou simplement en l'ouvrant quotidiennement, confiante que tes mains trouveront la page dont tu as besoin à ce moment, je sais que tu tomberas follement amoureuse du battement de cœur de ta vie.

Il est temps non seulement de savoir, mais de pratiquer, notre autonomisation, notre « empouvoirement », (notre montée de puissance).

Nous avons besoin de plus d'Alléluia.

Que ces enseignements libèrent ta joie.

Puisses-tu savoir que tu es sacrée.

Puisses-tu partager tes dons et ta lumière avec le monde.

Et puissions-nous être toutes libres.

*Je suis
La Maîtresse du Désir
avec toi depuis
le commencement*

La Maîtresse du Désir était avec nous bien avant notre premier souffle. Elle était avec nous alors que nous sommes arrivées en pleurant dans ce monde, aspirant à la sécurité et à la chaleur que nous avions connues pendant neuf mois, cachées dans l'utérus de notre mère. Sa présence est constante hospitalité, Elle nous est bénéfique, disponible de façon permanente.

Elle est différente de Dieu ou d'une déité. Elle est l'autogouvernance, la liberté autodéterminée, édifiée dans notre essence. Elle est la sage-femme de la créativité. Elle est l'incarnation du désir. Elle est la sensation de soif qui te propulse à te rapprocher de ce que tu aimes.

Elle est entière et sainte. Elle est douceur, ici pour inspirer ton amour et ta nature souveraine. Elle est un guide interne et une alliée puissante de l'au-delà.

Elle est le premier souffle et le dernier souffle. Elle est tous les souffles entre les deux.

Chaque inspiration est un désir pour la vie. Chaque expiration, un désir de libération et de repos.

Énergie dynamique puis repos.

Énergie dynamique puis repos.

As-tu déjà remarqué la pause, juste entre la fin d'une expiration et le début d'une inspiration ? Elle est ici, aussi. Elle est dans la sagesse de la force du vent, la transition des cycles de l'être, à nouveau, encore et encore.

Notre désir est une énergie dynamique aussi riche est nécessaire que la respiration. Elle nous garde ici jusqu'à notre dernier souffle, arrivée là, elle nous bénit sur notre chemin pour la destination suivante.

Elle aime notre désir. Elle le protège et bénit nos voeux de façon sacrée.

Imagine une vague qui t'encercle maintenant.

C'est le sentiment d'appartenance : une peau invisible contenant l'essence de qui tu es véritablement.

C'est elle.

*Comment serait-ce si tu savais que tu n'es jamais seule ?*
*Comment traverserais-tu la vie ?*
*Que ferais-tu du trésor de chaque souffle ?*
*Quel plaisir embrasserais-tu ?*
*Quelle rudesse se ferait plus douce ?*

Il y a quelques années, alors que je travaillais dans un centre résidentiel de traitement, j'ai commencé à comprendre la raison de l'addiction. En son coeur est le désir, qui est notre état naturel.

L'addiction, de la façon dont je l'ai expérimentée, à la fois dans ma vie et avec ceux avec qui j'ai travaillé et ceux que j'aime, selon un schéma d'action répétitive, est nocive pour notre essence. Et pourtant, nous la recherchons parce qu'elle nous apporte une sensation de soulagement.

Ma croyance est que le désir de soulagement est un désir entier et sacré.

Alors que je facilitais des groupes de pleine conscience et de parole, j'ai vu encore et encore à quel point cette recherche est le remède. Ce que nous cherchons à atteindre n'est pas toujours la meilleure option. Mais l'objectif lui-même est un savoir intrinsèque du sentiment d'appartenance à la sécurité, au soin, et à un centre clair, fort et endurant.

J'ai remarqué que j'ai commencé à dire à mes patients que leur visée était une action entière et sacrée, envers quelque chose qui existe au-dessous de ce qu'ils étaient en train d'essayer d'atteindre actuellement. Derrière l'alcool, les drogues, ou l'addiction au sexe, se trouve le désir de se sentir en sécurité, chez soi, rassuré.

Le Dalaï-Lama a dit que nous voulons tous et toutes atteindre la même chose. Nous voulons être heureux. Nous voulons expérimenter moins de souffrance et plus d'aisance. Nous sommes nées au frais, sorties de la chaude et confortable grotte maternelle, dans la lumière aveuglante, rude et froide avec l'aspiration à sentir moins d'inconfort et d'accéder à la sécurité.

La Maîtresse du Désir est ici pour nous dire qu'elle est juste là, disponible à nous et pour nous. Elle désire nous guider vers notre appartenance et vers ce qui nous aidera à expérimenter la vérité de qui nous sommes déjà.

Il y a de la splendeur dans ton désir.

À l'intérieur du désir réside un vaste potentiel; force de vie, guérison, énergie sexuelle, sensualité, intelligence, créativité, sagesse, amour, et compassion. Dans les deux premières lignes du poème, La Maîtresse du Désir s'introduit à nous et nous dit également qu'elle a toujours été là. Quand nous nous sentons vulnérables et insécures, Elle est là. Quand nous nous sentons confortables est en accord avec la vie, Elle est là, aussi.

Tu as peut-être déjà considéré de quelle façon tu te sens chez toi.

*De quelle façon te sens-tu en sécurité, nourrie, soignée ?*

*De quelle façon ne le sens-tu pas ?*

*Quel désir as-tu, qui te connecte à une envie de te sentir en sécurité, soignée et reliée à une famille ou une communauté de gens aimants, de te sentir au chaud et chez toi dans ta vie ?*

Nous regardons souvent à l'extérieur de nous-mêmes en ce qui concerne le sentiment d'appartenance. Oubliant que la maison peut être trouvée dans notre propre corps. Et c'est un endroit vital pour commencer.

Prends un moment maintenant si tu veux. Pose le livre et mets-toi debout. Sens tes pieds sur le sol. Prends un moment pour devenir consciente de la taille de tes gros orteils, de la plante de tes pieds et de tes talons.

Prends quelques respirations profondes et commence à t'étirer d'une façon qui te fait du bien. Laisse seulement ton corps et ta respiration te guider.

Si cela t'inspire, inclus quelques roulements d'épaules et de cou, étire tes bras en direction du ciel, penche-toi en avant et laisse-toi pendre.

*Comment te sens-tu dans ton corps maintenant ?*

*De quelle autre façon serais-tu capable d'avoir la sensation de chaleur, de sécurité et d'enracinement ?*

Peut-être qu'une tasse de thé chaud et une couverture te feraient te sentir vraiment bien.

Ou une marche au soleil, un bain chaud avec des huiles essentielles et des pétales de rose.

Ou un morceau de chocolat noir fondant lentement dans ta bouche.

Note quels désirs sont présents également.

Rappelle-toi que La Maîtresse du Désir est ta compagne constante et qu'elle a toujours été avec toi.

Elle est prête et attend de t'aider à retourner à ta véritable essence.

*Je suis l'invitation*
*Et tes mains*
*ouvrant l'enveloppe*

Nous sommes venues équipées pour désirer ardemment et appartenir. Souvent, nous désirons intensément ce que nous n'avons pas. Et pourtant, si nous l'envions, cela vit en nous. C'est la sagesse qui revient encore et encore, issue de notre désir de créer.

Le désir et le sentiment d'appartenance sont l'élan du cycle créatif.

Le cycle créatif commence typiquement avec un désir de mettre en forme quelque chose qui ne l'est pas encore. Nous esquissons un engagement avec « ce que c'est », et comment cela pourrait se matérialiser. En bref, nous commençons à en être curieuse.

Puis nous amorçons réellement le « faire ». Nous faisons et faisons, jusqu'à ce que finalement, nous ayons créé quelque chose que nous pouvons voir, connaître, comprendre et sentir. Nous chevauchons les vagues de cette création jusqu'à ce que cela retombe, en une sensation de néant.

Après cela vient une pause, un espace dans lequel nous ne créons pas. Et cela se répète, encore et encore.

C'est ainsi.

Quand nous sommes dans le processus créatif, nous travaillons conjointement avec ce que nous désirons et ce que nous avons.

Nos corps connaissent bien ce cycle.

Notre énergie sexuelle est pareille.

Nous avons un désir, une envie physique de nous exprimer à travers notre corps. Nous pouvons simplement commencer par entretenir l'idée, la contempler, devenir curieuse de ce que nous désirons.

Puis nous commençons à mouvoir notre corps plus près de celui d'une autre personne, ou peut-être avec nous-même, réalisant un contact physique, et créant à travers les sens, prenant ce qui fait du bien, donnant, recevant, jusqu'à ce que nous atteignons le climax de l'expérience.

L'énergie se calme. L'espace s'ouvre à nouveau.

Nous nous reposons en cela, jusqu'à ce qu'une nouvelle vague de créativité arrive.

Notre désir est l'invitation. Et nous sommes également l'enveloppe s'ouvrant. Nos mains et nos corps sont à la fois l'artiste et la muse.

Nous sommes toutes ces choses.

Nous sommes toutes les parts juteuses du processus créatif.

Quand le désir émerge, c'est un message de notre centre du plaisir. Lorsque nous nous autorisons à écouter et être présente, davantage de délices en résultent. Que l'on essaie d'écrire une livre, de sculpter, de construire une maison, de faire l'amour, ou de co-créer une vision avec d'autres. La montée du désir est une force puissante.

C'est appartenir à notre désir avec une dévotion féroce.

Nous sommes destinées à créer.

L'énergie créative est l'énergie de la vie. Notre force de vie véritable.

C'est pourquoi il est essentiel que nous soyons attentives à nos désirs. Notre désir est la volonté de la vie. La volonté d'être là. L'impulsion de vivre et de prospérer.

Quel plus beau sentiment ?

Le désir sexuel est l'impulsion de créer. C'est simple, élégant, et nécessaire.

Nous pouvons comprendre le désir sexuel comme une sorte de vivier d'énergie, qui, quand il émerge, peut se déplacer vers le haut et dans le reste de notre vie jusqu'à ce qu'on atteigne un point de plaisir et de complétude.

Nous pouvons regarder nos efforts créatifs et noter un processus incroyablement similaire.

> *Que se passe-t-il lorsque nous bloquons le flot à travers nos pensées ou croyances que ce n'est pas OK de créer ?*
>
> *Que se passe-t-il quand nous savons que ça l'est et que nous suivons le processus ?*

La Maîtresse du Désir veut que nous comprenions que le désir est comme une lettre d'amour à notre vie.

Notre désir est sacré, entier, et saint. Nous honorons qui nous sommes quand nous recevons l'invitation, l'ouvrons et que nous participons au processus de création.

*L*e jeu est un acte créatif, sacrément créatif. Au fil de notre jeunesse, la part créative de nous-mêmes est souvent amoindrie ou éloignée par sécurité et pour la survie. Finalement, nous arrêtons de jouer.

Si tu observes que c'est un défi d'être joueuse ou d'être avec ta créativité, tu pourrais regarder en arrière et voir ce qui s'est passé quand tu jouais ou créais alors que tu étais enfant.

Nos corps gardent ces souvenirs.

Si c'est plus sûr de rester éloignée de notre créativité, nous le ferons.

Le seul problème, c'est qu'à un certain moment, notre énergie de vie commence à se déliter parce qu'elle n'est pas renouvelée, restaurée, nourrie.

L'intimité peut se ressentir de la même façon.

Car l'intimité est un acte créatif.

Cela demande de la curiosité, de l'ouverture, de l'espièglerie, de créer avec une autre personne, d'être dans notre corps de façon exploratrice.

*Si la créativité est sacrée, comment pouvons-nous inviter en nous notre désir afin de lui appartenir, de nous y relier ?*

Nous ne pouvons éprouver le sentiment d'appartenance, sans au préalable, être disponible à l'ouverture.

Nous pouvons nous accorder à notre corps, à l'énergie et la zone où le désir a soif d'expression sexuelle.

Nous pouvons nous rappeler notre habileté à nous ouvrir avec autocompassion, et à honorer la force de vie que nous sommes et qui veut que nous soyons libre.

Cela peut être une chose qui nécessite de demander de l'aide et du soutien. Peut-être avons-nous besoin de passer du temps avec un thérapeute ou un conseiller? Ou peut-être, simplement en augmentant notre propre conscience, nous diminuerons les hésitations et les obstacles, et nous laisserons notre créativité voler librement.

Le message le plus important ici, est de commencer à construire une relation de compassion avec notre désir et avec notre créativité. C'est la clé qui va déverrouiller toutes les autres portes de nos vies.

Questionne tout et quiconque essaye d'amoindrir ton esprit créatif, ton désir de prospérer, et ton aspiration à faire l'amour à ta vie de toutes les façons imaginables.

Rappelle-toi, c'est OK d'appartenir à ton désir.

La Maîtresse du Désir le recommande hautement.

Comme je le fais.

Tu es l'enveloppe et les mains qui l'ouvrent. Fais-le avec une férocité et une dévotion inébranlables.

Nos désirs ne concernent pas uniquement notre personne. Leur énergie est bénéfique à toutes. L'urgence de vivre nous porte et nous fait tous évoluer.

La lumière pénètre la lumière.

La recette pour l'amour est l'amour.

Le désir réside dans l'appartenance. Nous sommes destinées à porter consciemment l'impulsion et la propagation de la lumière, comme une tapisserie tissée à travers nos mondes intérieurs et extérieurs.

Si nous arrêtons de vouloir créer, que ce soit de l'art, de nouvelles dynamiques politiques, un magnifique repas, une relation robuste ou un processus de guérison, alors nous flétrissons. Cela peut nous mener à nous sentir piégées ou sans inspiration, à mettre fin à des partenariats engagés qui aurait pu prospérer, ou dans des systèmes politiques non vérifiés.

Une façon radicale de pratiquer l'activisme social et politique est de créer. Laisse cette énergie et ce désir te traverser et offre-les au monde.

N'attends pas la perfection.

Une telle chose n'existe pas.

Ton désir est plus beau que tu ne peux le concevoir.

Tu es sacrée.

Nous avons besoin de toi.

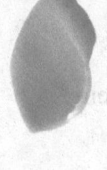

*Le désir t'a amenée ici*
*Et te donne naissance*
*encore et encore*

Non seulement le désir t'a menée jusqu'ici, mais il te donne naissance, encore et encore.

Comme chaque nouvelle inspiration, chaque nouveau désir peut nous infuser avec l'énergie de vie. La Maîtresse du Désir veut vraiment souligner cela : nous sommes continuellement renouvelées et en renaissance à travers nos vies. Et le désir a tout avoir avec cela.

À chaque nouveau souffle, nous devenons davantage qui nous sommes.

Cela prend toute une vie.

Désirer c'est vivre.

Rêver c'est créer.

Porter une vision en confiance et en vérité, c'est être une porteuse de lumière. Il est possible d'apporter de la lumière dans l'obscurité. Nous avons besoin de davantage de lumière.

Avoir l'opportunité d'être renouvelée encore et encore n'est pas un miracle. C'est notre droit de naissance.

Une façon de travailler avec cela et de faire confiance à l'inspiration et au désir d'être voulus, inclus, et d'avoir une intention. Ce sont des désirs naturels et normaux.

Savoir, qu'à travers l'expérience de vie, des émotions inconfortables arrivent et arriveront, nous libère de la croyance que nous faisons quelque chose de faux. En fait, cela nous offre une présence plus compatissante lorsque nous nous sentons effrayées, désorientées, confuses, et seules.

C'est une forme de générosité que nous pouvons appliquer à simplement être ici.

Cela peut être un énorme avantage, non seulement pour notre façon d'être dans nos propres vies, mais aussi parce que cela nous permet de nous mettre à l'écoute des besoins d'autrui de ne pas vouloir se sentir isolé et effrayé. C'est un investissement dans le principe de bonté dans nos vies, de même qu'une ressource renouvelée que nous pouvons partager avec les autres. Embrasser la souffrance comme une part neutre de la vie nous apporte de l'autocompassion et de l'empathie pour les autres. Lorsque nous comprenons cela intérieurement, nous sommes moins critiques et jugeantes au sujet du bien et du mal, du juste et du faux, de la souffrance et de la joie, et par-dessus tout nous sommes disponibles pour appliquer de généreuses doses de bienveillance. C'est une pratique envers laquelle nous pouvons nous engager encore et encore.

Nous pouvons être inspirées par l'idée qu'à chaque fois qu'un désir émerge, une nouvelle vie et de nouvelles opportunités peuvent en résulter. C'est une vérité qui peut nous nourrir profondément. À partir du moment où nous nous accordons avec les désirs les plus profonds de notre cœur, et que nous nous honorons en conséquence, nous savons que la force de vie régénérative et que la guérison de la compassion en découlent. Nous pouvons partager cela avec les autres.

Le désir est un seuil sacré qui peut nous mener à plus de beauté, de compréhension, d'inspiration, et de générosité ; cela a un impact sur des communautés entières et des gens de par le monde.

Savoir que le désir porte en lui la possibilité de vivre une vie généreuse et chaleureuse nous permet d'incarner l'espoir et une vision durable pour le futur.

Il est temps de nous rappeler les qualités de notre appartenance.

Et de les pratiquer quotidiennement.

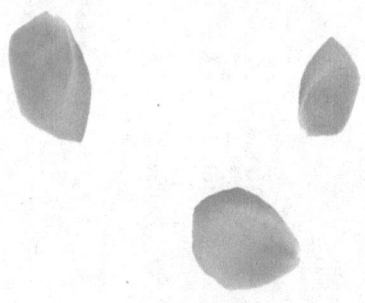

*Je suis l'impulsion de vie
le portail de
chaque nouveau souffle*

C'est la volonté de te montrer et d'être avec ta vie. Exactement comme elle est. De te pencher avec curiosité et dévotion sur ce qui émerge. De rejoindre ce qui est possible au seuil de chaque nouveau souffle.

C'est l'inspiration.

L'action incarnée à bouger, à méditer, à marcher, à réserver le voyage, à faire l'amour, à saisir la chance, essayer la nouvelle recette, appeler l'amie, allumer la bougie, chanter la chanson, dire la chose.

C'est le désir et l'incarnation de tout.

C'est bouger au-delà du rêve et le rendre réel.

C'est prendre ta place dans le cercle de l'appartenance.

Une des choses que j'ai retenue de mon entraînement à Naropa sont les mots de sagesse de Chogyam Trungpa suggérant que lorsque nous nous asseyons pour méditer, c'est un acte de guerrière. Cela demande une grande volonté d'être présente à soi-même, avec son état d'esprit, quel que soit le niveau du murmure qui se passe dans notre corps. Lui donner de l'attention et rester avec.

C'est le seuil de chaque nouveau souffle.

C'est l'inconfort.

Le choix d'être complètement avec, et de ne pas essayer de le corriger, ni de le changer d'une quelconque manière.

C'est l'inclination naturelle du corps d'inspirer à nouveau, après chaque expiration.

C'est la vie vibrante.

La vraie vie. Pas toujours jolie, mais absolument belle. Parce que c'est la pulsation interne de la peau depuis le battement du cœur, comme une compagne dévouée de la vie.

C'est la montée après une dépression. La recherche du soutien qui aidera. C'est l'eau que tu bois parce que tu as soif.

Ce seuil de vie est l'énergie d'amour manifestée, souvent invisible, mais potentiellement toujours connue.

C'est là que la vérité du désir et le battement organique de

davantage de vie…

davantage de vie…

davantage de vie…

circule.

C'est la teinte sauvage du possible : naissance, mort, et tout ce qu'il y a entre deux.

La Maîtresse du Désir nous demande d'être avec l'énergie de notre vie, maintenant, pure et simple, de nous relier à ce que nous sommes et ce que nous avons.

Etre présente est une action mise en oeuvre avec intention et conscience.

C'est un relai de l'esprit, du coeur, et du corps contre l'urgence. C'est comme nettoyer le placard pour apprécier les choses que nous avons déjà et lâcher celles dont nous ne voulons plus. C'est partager la richesse avec les autres, afin qu'elles puissent également expérimenter l'abondance, la chaleur, et la sensation de profusion.

Il y a une myriade de façons d'expérimenter le seuil de chaque nouveau souffle. C'est l'élévation de l'énergie qui peut nous mener à notre destination désirée, ou nous cravacher jusqu'au néant, selon notre qualité de présence.

La Maîtresse du Désir veut que nous sachions qu'il y a toujours un seuil de sagesse sacrée à traverser.

Dans ton coeur se trouve une porte qui mène à la forêt de l'éveil.

Elle est luxuriante, verte et sauvagement boisée. Du genre de celle qui remue les sens et encourage la croissance. Avance profondément dans la forêt et vois ce qui t'y attend, quelle instruction t'est donnée, quels cadeaux te sont tendus pour que tu en jouisses, t'en régales et les partages.

C'est un voyage que tu peux uniquement faire pour toi-même.

Trouve le temps et entreprends le voyage. Ne fais pas que le programmer. Fais-le.

Tu as besoin de cinq minutes seulement pour passer le seuil de ton sanctuaire sacré.

Allume une bougie, brûle de l'encens, inhale de l'essence de pin, de lavande ou de rose.

Respire.

Sois avec ton inspiration et ton expiration.

Ferme tes yeux.

Par la vision de ton esprit, imagine un escalier en spirale qui va de ton esprit jusque dans ton coeur. Descends l'escalier. Tu trouveras un feu chaud dans l'antre de ton coeur, avec quelques coussins confortables, une théière, et des cristaux verts aux murs. Assieds-toi simplement auprès du feu de ton coeur. Regarde qui ou ce qui vient alors que tu te tiens là.

Imprègne-toi.

Demande quelles sont les prochaines étapes afin que tu puisses agir. Demande à l'esprit de ta sagesse de venir s'asseoir avec toi et de te conter une histoire.

Pose des questions. Reçois des réponses.

Quand tu as terminé, remercie. Garde un instantané de ton antre à l'esprit et remonte les escaliers jusqu'au moment présent de ta vie.

Dessine ou écris ce que tu as expérimenté.

Passe à l'étape suivante.

Sois l'incarnation de tes désirs.

# La clé qui libère
## ta vision

Y a-t-il une chambre à l'intérieur de toi, où tous tes désirs et tes rêves sont gardés ? La visites-tu souvent ? Passes-tu devant, sans la regarder ? Est-ce un territoire inconnu et fermé que tu n'oses même pas fouler?

Il y a tant de raisons pour lesquelles nous résistons à nos désirs.

Je me demande quelle est la tienne.

La Maîtresse du Désir veut que nous sachions que cette chambre est un espace sacré qui regorge de ce que nous cherchons.

Elle est la clé qui libère ta vision. Elle est le chemin pour traverser en sécurité le seuil et commencer à trier et à tamiser, reconnaître, et être présente aux aspirations qui y frétillent.

Parfois, rien qu'en reconnaissant nos désirs, ils commencent à changer et à transmuter.

Et parfois non.

Souvent il y a une étreinte consciente, active, qui a besoin d'être explorée.

S'y dévouer est une pratique complète et sacrée qui libérera quelque chose en toi.

Quelque chose de puissant et de grand, de révolutionnaire.

Et c'est peut-être pour cela que cette porte est fermée pour certaines d'entre nous. Peut-être que c'est beaucoup trop effrayant d'y aller parce que nous sentons que c'est la fin de notre vie telle que nous l'avons connue. Mais si cela est vrai, la vie que nous vivons est trop petite pour nous.

Il y a de la liberté dans le désir.

La Maîtresse du Désir est juste là, avec nous. Elle est la sage-femme qui traversera le seuil avec nous dans les endroits effrayants et inconnus. Et elle nous aidera à émerger avec davantage de santé, de confiance, et de clairvoyance.

C'est seulement en pénétrant nos désirs que nous pouvons également révéler la porte de notre sentiment d'appartenance.*

Le mot « longing » (désir ardent) était utilisé premièrement dans un contexte géographique. Les gens qui étaient éloignés les uns des autres étant dits « long way ». « Belonging », (appartenir) signifiait revenir ensemble à nouveau dans une proximité intime. (En français, s'appartenir signifie ne dépendre que de soi-même).

Ainsi, nous devons en venir à une proximité intime avec nos désirs afin d'avoir un sentiment d'appartenance, de reliance.

Être le désir fait entrer la vérité. Comme lorsqu'incapable de voir et, trouvant la bonne paire de lunettes nous sommes soudain aptes à lire le menu dans un restaurant sombre. Nous devenons conscientes de toutes les options et possibilités. En fait, nous pouvons utiliser le désir pour pénétrer profondément des intentions passionnées. Et je ne me réfère pas à l'idée qu'il n'y a qu'une seule chose pour laquelle nous sommes ici et que si nous ne la trouvons pas et ne la faisons pas c'est que nous ne vivons pas notre mission. Non, non. Ceci peut même nous empêcher de vivre la vérité qui se présente juste ici et juste maintenant.

Une intention passionnée, c'est vivre dans l'instant, des sensations confortables et chaudes dans notre peau, même au cœur de la peine, de la peur, et de l'incertitude.

C'est vivre éveillée.

C'est vivre au cœur de tout cet inconfort et savoir que nous pouvons apporter de la grâce aux obstacles.

La plupart d'entre nous voulons simplement expérimenter la facilité, le confort, le sentiment d'appartenance et la paix. Ces choses peuvent être nos intentions passionnées. Nous pouvons apporter ces qualités dans toute expérience, que cela soit un job de rêve ou que l'on déteste, notre relation à nous-mêmes et à ceux que nous aimons, à notre corps, nos choix, nos mouvements, nos pauses, et tout ce qu'il

---

\* N.d.tr. ce passage ne peut être traduit sans citer l'étymologie anglaise.

y a entre ces espaces.

Si tu désires l'amour, c'est ta vision.

Si tu désires une mission, c'est ta vision.

Si tu désires vivre au soleil et au chaud et non dans le froid, les nuages, c'est ta vision.

Nos désirs contiennent tant d'informations valables. Quand nous nous autorisons à les reconnaître et à être avec eux, nous nous donnons la permission de vouloir ce que nous voulons, de prendre notre place et de ressentir. Nous nous autorisons à être authentiques et fidèles aux désirs de notre cœur.

C'est une chose véritablement bonne. C'est ici que réside notre sentiment d'appartenance. Nous faisons. Juste parce que.

Cela donne également la permission aux autres de faire de même.

Note les signaux qui disent « Ne pas entrer ».

Prends la clé que La Maîtresse du Désir incarne et utilise-la.

Utilise-la pour te libérer.

C'est ta prescription, si tu en as besoin.

Nombre d'entre nous n'ont pas été initiées au fait que nous pouvons rester fidèles à nos propres désirs et besoins, et que nous pouvons poser des limites si nécessaire, tout en nous exprimant d'une façon libératrice et bienfaisante. Au contraire, nous avons appris à placer les autres en premier, à utiliser notre compassion pour les autres, et à nous abandonner nous-mêmes.

Je vous implore de vous appliquer des portions abondantes d'autocompassion, comme un baume.

Comme les sages paroles du Yogi Bhajan, « si tu ne peux te bénir toi-même, personne d'autre ne peut te bénir. »

Une de mes histoires favorites dans Femmes qui courent avec les loups du Dr. Clarissa Pinkola Estes est « L'Ourse de la Lune croissante ». La figure principale fait face à d'assez grands challenges. Le guérisseur du village lui dit qu'elle doit partir en voyage pour récolter le poil de L'Ourse de la Lune croissante. Sur le chemin, elle croise nombre d'obstacles. À chaque fois elle dit « arigato zaisho » qui veut dire

*Merci, chemin, de me présenter ces obstacles,*
*Merci chemin, de les retirer.*

Elle bénit son propre chemin avec ces mots tout au long de son voyage.

Je pense que c'est un conseil très sage.

Lorsque nous déverrouillons la chambre où vivent tous nos rêves, nos espoirs et nos désirs, nous bénissons notre propre chemin. C'est comme dire notre vérité et exprimer ce que nous voulons précisément. La clé est relative à notre habilité à parler, chanter, proclamer, nous exprimer et à définir nos besoins. Demander ce que nous voulons et être claires au sujet de ce que nous ne voulons pas.

Ceci est l'ouverture de la porte du sentiment d'appartenance.

J'ai connu tant de femmes, et d'hommes, aussi, qui ont été éduqué.e.s à être tranquilles, s'asseoir et rester immobiles, à réprimer et non s'exprimer. Si la vérité était une chambre, ce serait une zone réglementée, dont la porte serait hermétiquement verrouillée et scellée. Peut-être apprenons-nous que nous devons abandonner notre vérité intime pour être aimée, acceptée, en sécurité, même. Mais dans le présent, nous pouvons trouver des façons de choisir la vérité. Nous pouvons libérer les désirs et leur apporter lumière, air et nourriture. Nous pouvons nous exprimer de tant de manières. A travers la parole bien sûr, mais également l'écriture, l'art, le mouvement, et même, le silence.

Savoir quand et comment être silencieuses quand nous n'y sommes pas habituées peut être délicat, à priori. Cependant, c'est un langage à part entière. Nous pouvons trouver tant de sagesse par l'expression du silence.

Parfois, simplement utiliser nos sens pour « déverrouiller notre vision » est la porte d'entrée. Sentir nos pieds au contact de la terre, regarder dans les yeux notre interlocuteur, et arrêter tout ce que l'on fait, sentir l'arôme enivrant du pain fraîchement cuit, écouter les vagues de l'océan, ou sentir la chaleur du soleil sur notre peau.

Observer ce qui fait du bien et ce qui n'en fait pas, est radical de nos jours. Car c'est une sagesse qui ne peut être libérée que de l'intérieur.

Nous expérimenter telles que nous sommes, développera notre confiance en nous.

C'est la clé ultime que La Maîtresse du Désir nous demande de garder et d'utiliser.

*Je suis l'épanouissement*
*De l'ouverture*
*douce du désir*

L'épanouissement du désir commence avant que nous reconnaissions notre envie.

La graine d'inspiration est plantée lorsqu'une sensation d'espace fait de la place pour une nouvelle émergence. Ce n'est pas facile à mettre en mots, car cela a à voir avec la création même de la conscience qui se passe à chaque instant.

Nous sommes l'essence créative, nous ne pouvons nous empêcher de faire de l'espace pour le désir et ce à quoi nous aspirons.

Il n'y a pas de démarcation claire de cette ouverture car c'est une simple émergence d'énergie source qui a toujours été, est toujours, et sera toujours. Avant que nous ne soyons plantées comme petite graine d'humain à l'intérieur de notre maman et bien après que nous aurons quitté ce monde, la création elle-même est désir. De façon cyclique à travers la vie, la mort, la vie, encore et encore. Nous sommes des êtres dynamiques en mouvement, nous dévouant toujours à quelque chose, même quand nous n'en sommes pas conscients.

Le désir est un compagnon constant.

La Maîtresse du Désir est tout cela.

Elle est l'étincelle créative, la graine, l'émergence, l'expérience dynamique d'être, le début, et tous les espaces intermédiaires.

L'épanouissement du désir est la douce médecine qui nous mène à une nouvelle réalité fusionnant avec la lumière du mouvement intérieur constant - une vie infinie.

Lorsque nous croyons que nos aspirations seront insatisfaites, nous expérimentons une sensation de chagrin, de perte, de colère, une déception immense, peut-être même de la honte. Mais La Maîtresse du Désir nous dit qu'elle est l'épanouissement de l'envie. Elle est également le désir satisfait, et par conséquent, le sentiment d'appartenance.

Comment savons-nous que nous expérimentons le désir?

Nous le sentons.

Quelque chose remue en nous.

Nos corps sont sages.

Nos esprits peuvent aussi avoir des histoires au sujet du désir, bien sûr.

Mais nos corps ont une expérience directe et sans filtre de l'ardeur.

La Maîtresse du Désir est la sensation de chaleur feutrée dans notre peau endolorie, pour quelque chose d'extérieur à elle-même, le ventre creux affamé de nourriture, la femme endeuillée dont la peau attend d'être touchée à nouveau par son amoureux.

Ces envies sont entières, organiques, des expériences sacrées qui ne devraient pas être prises à la légère ou jugées comme bonnes ou mauvaises. Au contraire, elles devraient être reconnues pour ce qu'elles sont: une ouverture douce créant de l'espace pour l'émergence de l'appartenance, une façon de savoir, jusque dans nos os, l'essence de notre force de vie.

C'est incroyablement puissant. Si nous n'avons pas expérimenté ces véritables aspirations comme des signaux ou des indicateurs de nos besoins ou de nos envies, de quelle autre façon pourrions-nous savoir comment atteindre, trouver ce que nous cherchons, créer et fusionner avec ce que nous aimons et désirons?

Si ce n'était pas sacré, pourquoi l'expérimenterions-nous quotidiennement?

Nous faisons beaucoup d'autocorrection afin d'éloigner de tels désirs. Car nous sommes nombreuses à avoir été éduquées, que désirer quelque chose démontre de la peur, de l'insatisfaction, de la vulnérabilité, de la honte, et même de la douleur.

Toute nuance de douleur est souvent évitée dans notre culture. Spécialement par les pouvoirs en place. L'inconfort est considéré comme tabou et devrait être caché.

Même le manuel diagnostique que les psychologues et psychiatres utilisent dicte quel genre de douleur est plus ou moins « normale », et laquelle ne l'est pas. Après un certain temps, la douleur devrait disparaître.

Nous devrions « avancer ».

C'est une des nombreuses manières de nous enseigner, que la vie, telle qu'elle est, est intrinsèquement mauvaise. Nous devrions faire tout ce qui est possible pour être jeunes, et par conséquent estimées. Nous devrions être heureuses. Nous devrions vivre le succès et suivre les règles fixées par la culture dominante. La force et le pouvoir viennent de l'agression, de l'intellect et de la position; pas du repos, de la réceptivité, ni de l'intuition. Nous ne devrions aimer que les gens particuliers et de façon particulière.

Souvent, le désir est simplement considéré comme problématique. C'est une focale très petite à travers laquelle regarder quand nous explorons l'expansion de l'expérience humaine. Abandonne-toi au sentiment d'appartenance, à ce que tu aimes et ce que tu désires.

Cela peut être un défi car cela contredit ce que la plupart d'entre nous ont appris.

Mais la volonté d'adoucir, de laisser s'introduire quelque chose de plus tendre, et de plus vrai, dans ton expérience unique est l'entrée.

C'est une terre sacrée, une cérémonie pour le corps, l'esprit, le cœur, et l'âme.

Quand tu désires…

Tu t'ouvres.

Quand tu t'ouvres, un espace de douceur émerge pour recevoir ce à quoi tu aspires. Davantage comme une fleur qui s'ouvre à une abeille, une femme à son amant, une chanson à la voix qui la chante. Quand nous ne nous autorisons pas cela, le jugement endurcit les angles, et nous pouvons devenir moins généreuses dans notre acceptation de nous-mêmes et des autres. Pourtant, il y a un savoir inhérent de l'amour qui existe en nous. Tout le reste est une histoire, créée par une volonté de supprimer, d'opprimer, et de nous rallier à une idée de sécurité.

Ce livre est venu du désir. Le mien et celui de La Maîtresse du Désir. Il est venu de tous nos désirs. En parlant à une patiente récemment, elle me dit, sa voix frémissant à travers ses larmes, qu'elle voulait simplement du temps et de l'espace pour s'effondrer. Elle sentait que ce n'était pas autorisé et qu'elle était supposée « tenir le coup » quotidiennement. Ceci, chère lectrice, est un désir que nous devons toutes prendre en compte, nous devons nous ouvrir.

Tomber à genoux de douleur, d'épuisement, de désespoir, est une ouverture douce. Une fois ici, nous pouvons nous rencontrer d'une nouvelle manière, qui nous nettoie et nous restaure, qui commence la construction de quelque chose de nouveau, tout en marquant la fin de quelque chose que nous avons connu autrefois, que cela soit une personne, une expérience, ou une journée vraiment pénible.

Ces moments sont rituellement importants, ils sont de la nourriture pour l'âme : une nourriture pour le voyage d'une vie. À la fin de ce livre se trouve une collection d'apothicaire de multiples façons de faire. Tu trouveras de nombreuses options pour t'aider à t'approcher de ta vérité et vivre avec dévotion. Il y a une voie de révolution sacrée et de révélation active. Tu trouveras des façons pratiques d'amener ceci dans ton quotidien. Mais pour l'instant, cette tendre ouverture est le début. Considère-le comme l'entrée du mandala sacré de ta vie.

Le désir est la médecine qui te guidera à l'intérieur. Le désir n'est pas seulement le désir de faire l'amour, d'acheter une voiture, ou d'obtenir le job parfait, bien que ces choses soient certainement une part de ceci. Le désir arrive à l'aube quand nous rêvons ; le matin quand nous espérons recevoir de bonnes nouvelles ; dans le désir de voir le soleil se lever ou dans l'étincelle du sourire d'un être aimé. Le désir c'est l'aspiration d'avoir des draps fraîchement lavés, ou un repas chaud les jours de froid. Le désir c'est le besoin brûlant de se sentir libre. C'est le désir qu'un être aimé puisse rester plus longtemps dans cette vie.

Le désir c'est de faire sens de notre précieux temps ici. Tout compte. Chaque geste. Chaque sentiment.

Laisse l'ouverture douce arriver. Tout ce que tu veux importe.

Toi et tes désirs êtes plus sacrés que vous le croyez. Ta confiance et ton sentiment de sécurité en la vie ont un impact sur le monde. Ironiquement, cela vient de la tendresse. Quand nous nous sentons rassurées, nous avons la présence d'esprit de considérer les autres. Nous reconnaissons le chagrin enduré autour de nous, et c'est ainsi que nous devenons capables d'aider par notre propre éveil, et à travers notre volonté d'appartenir à la vie telle qu'elle est.

S'il te plaît, sache que ta vie est censée être vécue maintenant, pas quand tu auras perdu 5 kg, ou finalement décroché un job, quitté ou rencontré un.e partenaire, eu suffisamment de followers sur Instagram, ou passé un examen.

Si tu attends, demande-toi, « qu'est-ce qui me fait croire que je serai disponible ou me donnerai davantage de valeur quand cela arrivera ? » Parce que, Chérie, c'est ton désir. C'est ce qui importe maintenant.

Laisse-toi appartenir à ceci.

Maintenant.

*Quand tu fermes tes yeux*
*Emplie D'extase*
*J'entre*

Quand tu fermes les yeux, emplie d'extase, La Maîtresse du Désir fait son entrée, pour t'infuser de la compréhension de l'immensité que tu es. Ton plaisir est possible.

Tu n'as pas besoin d'acquérir quoique ce soit ou d'employer qui que ce soit pour ce faire. Tu es une créatrice. Tu es tellement plus que ce que tu perçois. Cela peut arriver, ici, et maintenant.

Ces mots sont porteurs d'espoir.

A la façon de l'étoile du Nord, ils arrivent en ce moment, afin que tu saches qu'il y a une guidance qui est disponible, pour toi, et que tu peux recevoir cette guidance.

Tu es née immense. Tu es née de la lumière et avec la lumière. Tu es la lumière.

Quand tu fermes les yeux, emplie d'extase, c'est le moment où tu peux accéder à la véritable connaissance, à travers le délice de ton corps bien-aimé. C'est ta vérité.

L'esprit est entraîné à bannir cette connaissance. Mais ton corps ne mentira jamais. Il/Elle crève de se rappeler cette vérité. Car il y a une braise incandescente interne, et le délice est le vent sacré qui la fait circuler dans tout le corps, en une lumineuse vérité.

Peu importe si tu crois que ton corps est imparfait. Car le divin ne peut être changé, quelle qu'en soit la forme. Que tu sois jeune ou vieille, marquée, ou irréprochable, ronde et en courbes ou mince et athlétique, cela n'importe pas. Car ton corps est entier et sacré. Toi, bien-aimée, tu es entière et sacrée.

Dans l'extase, nous nous célébrons.

C'est un savoir de l'âme libéré à travers le plaisir exquis d'être dans un corps. L'attendrissement qui vient par le portail de chair et d'os est La Grâce. Cette grâce devient un élixir infusé dans nos veines et profondément dans les minuscules particules de nos os, de nos champs éthériques, et dans le velours de notre nature intrinsèque.

La Maîtresse du Désir est l'infusion de la célébration. Davantage comme une allumette démarrant le feu, Elle révèle la sacralité de notre nature intrinsèque. Rien ne peut changer cela. Au travers de nos cris et nos gémissements, soupirs et présence au corps, nous fusionnons avec cette connaissance. Le Sacré devient notre expérience incarnée plutôt qu'une source inexploitée. Le robinet est toujours présent et nous devons l'ouvrir pour recevoir l'eau.

Nous avons été dessinées de cette façon.

La Maîtresse du Désir veut que nous nous rappelions cette vérité qui est la nôtre. Quand nous faisons cela individuellement, nous offrons le miroir qui donne aux autres la permission de faire de même. C'est notre droit divin et c'est ce pourquoi elle est venue. Pour nous aider à recueillir cette grâce et à en profiter dans la nature illimitée que nous sommes déjà. Elle veut que nous sachions à quel point elle désire profondément entrer. Nous ne sommes pas seules.

Cela peut se passer sexuellement, bien sûr. Nous pouvons jouir de ce cadeau en nous l'offrant à nous-mêmes, ou en étant avec une autre personne. Cela peut se passer sensuellement, avec une pêche juteuse qui nous coule le long des doigts, ou la tendre humidité d'une tranche de cake au chocolat fraîchement cuite. Cela peut arriver en écoutant le son d'une cascade. Cela peut arriver lorsque notre corps bouge en rythme sur une salsa ou au battement d'une simple percussion. Ou en ôtant nos chaussures dans la forêt et en laissant la plante de nos pieds s'enfoncer dans la terre sombre et humide. Même regarder la photo d'un bel endroit ou d'une personne particulière, peut apporter cette sensation d'émerveillement extatique.

Ton émerveillement est une force douce. Quand un arc-en-ciel apparaît et que tu arrêtes tout pour l'accueillir en toi, c'est *La Maîtresse du Désir* qui t'infuse d'espoir et de confiance, en quelque chose d'extraordinaire. Elle apporte la preuve. Elle vient de cette façon pour activer l'empreinte sacrée de qui nous sommes. Accueille le toucher chaud de ta peau contre la peau de quelqu'un que tu aimes. Reçois la beauté autour de toi. Prends véritablement un moment pour être avec cette beauté. Ferme les yeux et imagine un endroit que tu aimes qui soit un sanctuaire. Laisse-le te remplir. Laisse-le devenir toi.

Cela peut aussi être vrai quand nous hurlons notre chagrin, en un sens. Il y a quelque chose d'un autre monde qui nous transperce, l'intensité du sentiment, la profonde, si profonde recherche d'apaisement peut assurer un étrange mais exquis retour à notre vraie nature.

Lorsque nous avons mal, que nous désirons ardemment, lorsque nous sommes emplies de délice, quelque chose se transforme en nous. Nous devenons plus pleinement nous-mêmes.

Souviens-toi, c'est La Maîtresse du Désir qui te rappelle à toi-même. A ta vérité divine. Tu n'as besoin de rien d'autre. Uniquement de ton corps et de ta volonté de t'adoucir et la laisser entrer.

*Tu es bien plus que tu le crois*

La Maîtresse du Désir me dit cela tout le temps. Ces huit mots sont devenus un mantra sacré dont elle m'emplit chaque jour. Elle me déverse cela afin que tu le saches, aussi. Peut-être le sais-tu déjà, mais l'as-tu oublié? C'est ton pense-bête.

Pense maintenant à un temps lors duquel tu as fait l'expérience de l'apaisement et de l'ouverture. Laisse cela inonder ton être intérieur. Ferme les yeux. Avec qui te trouvais tu? Où étais-tu? Comment te sentais-tu? Quelles étaient tes sensations? Prends quelques instants pour plonger dans ce souvenir. Laisse-toi flotter à l'intérieur de ce souvenir. Quel savoir vient? Laisse l'extase se déverser sur toi, dans chaque cellule. Prends ton temps.

Quand tu auras fini ce processus, prends des notes, dessine-le, ou vis-le en mouvement. Symbolise-le en un souvenir sacré. Crée-lui un autel d'un quelconque façon.

Ne l'oublie pas.

Invite davantage de cela dans ta vie, maintenant. Parce que c'est ta médecine, et ta médecine sera un baume pour nous toutes et tous.

*Je suis le souffle du vent*
*qui empourpre ton âme*

*L*a nuit dernière, alors que je dormais, j'ai rêvé que La Maîtresse du Désir me montrait que mon corps était une porte sacrée, et que le geste érotique d'ouverture, l'assouplissement de mes membres et de mon besoin de contrôle, est un portail pour le passage du souffle du vent qui empourpre mon âme.

Je devenais un autel, un geste de découverte poétique et d'illumination. Je devenais une expansion du délice.

Evidemment, elle devait partager cela avec moi la nuit précédant l'écriture de ce chapitre afin de s'assurer que j'aie bien saisi l'image. Et ainsi, voici ceci, chère lectrice. C'est l'énergie volontaire de la source créative de nous posséder, complètement. Cela arrive lors du lâcher-prise et de l'ouverture à notre nature sauvage. C'est l'expérience de l'orgasme qui irradie l'intérieur de lumière, se répandant comme du miel chaud de fleurs sauvages à travers notre être. C'est une cérémonie riche et explosive qui marque le pinacle de notre existence.

L'explosion d'hormones durant l'orgasme nous éveille. Notre conscience est en expansion et la force de vie numineuse est accélérée, à l'intérieur et autour de nous, lors de ce processus expérientiel phénoménal pour lequel nous avons été si intelligemment dessinées. Pas seulement une seule fois, mais tant et tant de fois, tout au long de notre vie.

L'orgasme est la célébration de notre vie exactement telle qu'elle est. Aucune préoccupation de surpoids, ou d'apparence de notre visage, ou de peur de ne pas avoir l'allure que nous devrions avoir ou de comment nous devrions être d'ailleurs. C'est libérateur de lâcher-prise et de se fier au désir que nous sentons. Nous abandonner au pur plaisir dont nous sommes capables. Nous nous perdons, d'une certaine manière, à travers l'intensité des sensations, Oh! si époustouflantes dans notre peau.

Soyons claires, La Maîtresse du Désir nous partage également que l'orgasme n'est pas la seule façon d'être avec le souffle du vent. C'est à la fois métaphorique et littéral. Le souffle du vent empourpre notre âme dans le processus final de tout acte créatif. C'est la grande libération, c'est donner naissance. C'est le façonnage de quelque chose qui n'était qu'une idée ou un désir, en une manifestation physique de célébration. C'est, de bien des façons, l'illumination de la vie dont nous sommes capables parce que nous sommes dans ce corps humain.

Connaître l'âme en ce sens nous a toujours été disponible. Mais peut-être ne l'avions-nous pas compris ainsi.

Il y a celles qui ont vu le corps comme un temple, comme un sol sacré. Le sens éthéré de quelque chose de plus grand se passant d'un seul coup durant l'orgasme est ainsi indescriptible et souvent insaisissable, et pourtant, c'est ce qui apporte un léger rayon rosé à l'âme lors de notre passage ici-bas. C'est ce qui meut les mains à tourner l'argile et à modeler quelque chose de magnifique à partager.

L'empourprement n'aspire pas à être saisi. C'est simplement une qualité lumineuse émergeant pour un temps qui ne peut être mise en boîte ou définie, mais juste sentie d'une façon ou d'une autre, dans notre peau, réfléchie dans le miroir des yeux de notre amoureux, -reuse, ou peut-être vue par le coeur. Et bien que cela ne soit pas le but ici, c'est une destination sacrée et éphémère dont se réjouir quand elle vient.

Cela peut être expérimenté lors de l'échange de voeux, au moment de la touche finale d'une oeuvre d'art, ou d'un travail d'écriture, lors de la poignée de main d'un accord de travail qui change la vie, ou en donnant naissance à un enfant. Ce n'est pas une expérience ordinaire. C'est la marque de quelque chose au-delà de ce qui nous conduit à faire et à créer, qui se passe ici, sur notre chemin. C'est de l'inspiration qui non seulement crée, mais complète. C'est, d'une certaine façon, « l'évidence » de notre triomphe. La victoire à la fin du défi. La médaille qui marque la sobriété ou l'alléluia quand l'appel s'est fait entendre. La volonté de dire oui à la place de non.

C'est la fève dans la galette, la preuve par l'exemple. Tout ce temps, quelque chose ou quelqu'un nous écoutait, plus particulièrement nous-mêmes, et c'est la réponse, le résultat le plus profondément aligné à notre âme. Le sentiment d'appartenance qui se montre lui-même au désir ardent.

Cela peut être impressionnant, donner la sensation de vivre un rêve, car souvent nous n'arrivons pas à nous y accrocher. C'est la lumière connue et pourtant insaisissable qui s'éclipse avant qu'on ne le veuille. Mais cela laisse la porte entrebâillée pour davantage. Souvent, nous ne sommes pas capables d'en saisir une image. Pourtant cela restera imprimé aux racines du coeur de notre existence. Le code qui change notre langage et notre relation à la vie comme nous la connaissons.

La dévotion est la clé pour déverrouiller les vérités de notre désir. La dévotion est une opportunité quotidienne d'expérimenter le sentiment d'appartenance et de doucement, doucement, nous ouvrir à la possibilité d'être empourprée, par le souffle du vent, encore et encore. C'est ce qui sous-tend les « juste encore un verre », encore plus de choses, plus de sucre, plus d'amoureux-reuses, plus d'ivresse pour ce que nous sommes effrayées de ressentir. C'est l'essence dans l'essence. C'est digne de notre attention et cela nous guidera finalement à l'empourprement de notre âme plus d'une fois, si nous l'accueillons.

La Maîtresse du Désir marche avec nous de tant de façons et à chaque instant. Du début jusqu'à l'apparente fin, et au-delà.

Elle te murmure maintenant...

*Que ferais-tu si tu savais que c'était vrai ?*

*Comment dépendrais-tu de ton désespoir ?*

*Comment t'y prendrais-tu pour me trouver ?*

*Quelles peurs mettrais-tu de côté pour reconnaître que tu n'es pas seule ?*

*Pour quoi prierais-tu ?*

*À quoi dirais-tu oui ?*

*Quel plaisirs extatiques t'offrirais-tu ?*

*À quoi te dévouerais-tu ?*

*Laisse des pétales  
de rose à l'entrée  
Je viendrai*

C'est la dernière ligne du poème qui est venue de La Maîtresse du Désir. En lisant ces mots maintenant, six mois plus tard alors que j'écris ce dernier chapitre, je me sens humble. Je rends grâce qu'Elle m'ait réveillée au milieu de la nuit, insistant pour que je mette ses mots sur papier. Je ne peux pas exprimer à quel point je suis emplie de gratitude que tu tiennes ce livre dans tes mains, maintenant.

« *Laisse des pétales de rose à l'entrée Je viendrai* », est une instruction cruciale et magnifique ; une façon pour nous d'avancer vers notre désir, notre sentiment d'appartenance. Cela met en action tout ce que nous avons rêvé, contemplé, et désiré. C'est une délicieuse ouverture de confiance féroce et d'abandon. C'est un appel à la réalisation : une révolution sacrée, une dévotion quotidienne.

De façon intéressante, l'instruction était d'écrire ce chapitre en premier. Ceci, pour moi, parle précisément de la véritable importance d'entrer en action et de rendre nos espoirs et notre vision réels.

Alors que j'étais au Costa Rica en retraite, plusieurs choses cruciales eurent lieu, qui m'aidèrent à comprendre la ligne de ce poème, qui est, comme je la comprends, et comme inspirée par Elle, une demande d'incarner la dévotion. De la porter comme un vêtement, de la marcher, de la posséder, de l'être.

Un matin durant la retraite, nous avons été invitées à penser à une chose qui nous mettait au défi. Puis, nous avons été guidées à bouger au-delà de la pensée. Nous avons été invitées à prendre cette expérience ou sentiment et à l'incarner en une pause ; à trouver une façon de la rendre réelle, en la devenant au travers du vaisseau de notre corps.

Mon défi, comme je l'ai perçu ce jour là, était le schéma d'être détournée par la peur, spécifiquement la peur de ne pas être assez bien ou de ne pas avoir la valeur de recevoir ce que je désirais. Je me suis sentie piégée à l'intérieur, et pourtant, d'une certaine façon c'était sécurisant, cela me blindait de la vulnérabilité d'être exposée à mon sentiment de n'être « pas assez ». Cette peur était ce qui m'avait retenue de m'engager pleinement dans mon véritable moi, comme une Cueilleuse de Beauté, un titre qui m'avait été donné en rêve, alors que je retournais pour la première fois à Santa Fe, après avoir vécu au Colorado tant d'années.

Afin d'incarner ceci, je commençais par une position debout. Mon corps savait exactement comment se comporter avec cette peur. Je me suis accroupie en serrant mes jambes, ma tête et mon visage repliés, dissimulés, légèrement penchée vers la gauche. Cela m'a demandé une énergie énorme de rester dans cette pause. J'utilisais chaque muscle pour rester ainsi. Chaque muscle de mon visage, mâchoire et nuque, était tendu. Mon corps essayait de garder cet effort de contrôle sur tout ce qui était en moi et autour de moi. J'avais peur de prendre trop d'espace, insécure, et activement gelée, fermée bloquée, emprisonnée.

Nous avons été invitées à approfondir la pause, pour véritablement nous y pencher, la sentir, et lui donner tout ce que nous avions, dans l'idée d'exagérer les sentiments, les sensations, et nous comprendre ainsi plus pleinement. De façon intéressante, plus tard, nous avons partagé nos pauses en petits groupes. J'ai regardé une autre personne s'établir dans sa pause, qui était strictement similaire à la mienne (combien de femmes se démènent avec la sensation d'être coincées, petites, pas libres de bouger dans la direction de leurs désirs, de prendre davantage de place ?) J'étais capable de me voir d'une façon, que même installée dans cette pause, je ne pouvais percevoir.

Ce qui était fascinant c'était que je me souvenais d'un rêve qui m'était venu longtemps auparavant et que je ne comprenais pas complètement, jusqu'à cet instant. Être dans mon corps, être témoin d'une autre faisant de même, me donnait accès à une nuée d'informations en attente. C'est pourquoi, faire des pas pour incarner qui nous sommes et ce que nous désirons est la médecine de notre temps : cela donne l'opportunité aux autres de voir quelque chose de similaire, afin que leur propre vérité puisse être actualisée.

Dans mon rêve, j'étais dans une épicerie, accroupie dans une position presque similaire, comme une façon de me protéger. Quelque chose s'est passé quelque part dans le magasin, un fort et menaçant son, peut-être un coup de feu. Alors que j'étais en boule et enroulée fermement sur moi-même, j'ai senti la présence de quelque chose. J'ai regardé au-dessus de mon épaule gauche et un aigle chauve était perché là, son œil droit regardant directement dans mon œil gauche. Ce rêve paraissait réel. J'étais en admiration de cet œil qui regardait directement en moi. Aujourd'hui, je comprends ce rêve comme un cadeau de la vision de l'aigle, qui me montre où et comment focaliser mon attention, spécialement quand je me sens petite et effrayée. L'aigle peut être vu comme un grand communicateur du Divin, qui voit toute chose avec une perspective immense.

Nous sommes faites des éléments ; terre, air, feu, eau… Et de l'espace entre eux. Quand nous sommes en contact avec tous ces éléments qui vivent à l'intérieur de nous, une perspective fraîche peut nous parvenir. Je crois, aussi, que l'aigle voulait que je sache que je n'étais pas seule. Aucune de nous l'est. Nous ne sommes jamais seule.

Il y a de nombreuses façons de savoir et de se rappeler ceci. Parfois, le temps du rêve vient comme un éveilleur de vérité. Souvent, cela vient à travers la présence à ce qui est. C'est le message sous-jacent de La Maîtresse du Désir et la chanson d'amour qu'elle nous chante, à nous toutes.

Quand cette information est devenue disponible grâce à cet exercice, j'ai eu une réaction viscérale. Davantage de choses se sont déliées à l'intérieur de moi. Je savais que j'intégrais une nouvelle information guérissante. L'étape suivante de cette pratique d'incorporation était de laisser nos corps nous guider dans une pause qui représentait l'exact opposé du défi que nous expérimentions. Comme mon corps avait su exactement comment entrer dans la posture de peur, il savait exactement comment en sortir et incarner la féroce confiance et l'ouverture. Comme l'aigle qui m'avait montré comment voir depuis un point de vue spacieux, je me développais sans effort en une position verticale, les genoux légèrement fléchis, mon cœur grand ouvert, épaules en arrière, yeux clos et visage tourné vers le ciel. Je devenais ouverte, courageuse, confiante, et en amour avec le possible.

La dévotion est un acte sacré d'abandon.

Ce n'est ni un échec, ni une soumission.

C'est la volonté d'être présente est disponible à la vie, en ce moment.

Lorsque nous laissons des pétales de rose à l'entrée, nous disons en essence, « je t'accepte et je t'honore », à nous-mêmes, à la vie, exactement telle qu'elle est. Nous sommes activement et intentionnellement ouverte pour recevoir notre propre véritable nature. Nous disons, « Je suis ouverte à vouloir ce qui me veut. »

Aucune posture fermée n'a d'espace pour ce genre de générosité. Lorsque nous sommes fermées, nous sommes protégées, mais seulement pour un temps. Si nous restons fermées, nous pouvons commencer à nous éteindre, devenir moins disponible aux possibles et aux merveilles qui nous attendent.

À un certain point, nous pouvons réaliser que l'empouvoirement, l'autonomisation, viennent de notre habilité à lâcher prise, à arrêter d'essayer de contrôler, de relâcher l'emprise. Quand nous sommes ouvertes, nous pouvons recevoir. Il y a un adoucissement qui se passe, qui nous infuse avec intégrité, authenticité, et puissance. Dans cette douceur il y a une force fantastique.

## *Fais un pas en ma direction*

Une autre profonde expérience que j'ai eue durant le même voyage, a été de me rendre à l'océan. Quelque chose en moi était effrayé d'y aller. J'étais effrayée de ma mollesse et que mon corps de presque 50 ans soit vu. Je me sentais exposée et vulnérable. C'est un sacré défi quand vous vous êtes cachée pendant si longtemps.

Mais une fois là-bas, j'étais si attirée par l'eau, que soudain, l'innocence revint avec l'admiration craintive et l'émerveillement. J'aspirais à faire partie de cette beauté que je voyais tout autour de moi. Je ne suis pas sûre que je le savais à cet instant, mais j'aspirais également à la beauté vivant en moi.

Je ne m'attendais pas à cela, mais, mon corps commença spontanément à se détendre. Je laissais mon corps me guider. Je pouvais sentir mes muscles faciaux se relâcher et mon cœur s'ouvrir. J'écrivais quotidiennement à La Maîtresse du Désir pour ce livre et il semblait qu'Elle était avec moi, me prenant par la main, disant, *Viens maintenant, allons-y.*

La magie de l'océan réveillait quelque chose en moi.

J'enlevai mes sandales et me rendis au bord de l'eau. Je me souviens de m'être sentie un peu étourdie, excitée, comme si mes actions étaient délibérées et intentionnelles. Mon visage était illuminé tel un phare. Mon sourire était si large. Je me sentais libre d'une façon que je n'avais pas éprouvée depuis longtemps. Quand mon pied sentit le sable, je lâchai prise. Je lâchai prise sur tout, toute préoccupation et toute peur. J'étais complètement présente. J'étais folle d'amour pour l'âme de ma vie qui m'aimait. Je savais dans mes os, que l'eau était *La Maîtresse du Désir*, la Source Infinie de Tout. Elle vint immédiatement vers moi. Je sentis ma vie entière de dévotion rencontrer l'esprit de l'océan. Son eau caressa doucement mon pied. Je la sentit dire, *Te Voici.*

Elle continua à me dire,

*Fais un pas en ma direction
et je viendrai vers toi.*

Je sentis Son désir pour moi. Comme si Elle attendait de moi que je confirme tous mes désirs, murmurant dans les pores de ma peau,

*Je suis juste ici.*

Mon pas en sa direction laissait des pétales de rose à l'entrée.

Depuis ce jour, quand je repense à ce moment, je le deviens.

Je ne suis pas sûre de pouvoir exprimer clairement ce qui s'est passé pour moi ce jour là. Tout ce que je sais, c'est que ce souvenir fait monter des larmes de retrouvailles, chaque fois.

*Fais un pas en ma direction,* est devenu mon enseignement quotidien. C'est, pour moi, la réponse à tous les défis que je peux et pourrais expérimenter dans cette précieuse et fugace, vie humaine.

*Laisse des pétales de rose à l'entrée* est l'invitation pour nous toutes à vivre cela. Nous devenons la scribe, l'invitation, et celle qui sait.

Maintenant c'est le temps, pour nous toutes, de nous risquer à quelque chose comme cela, chacune d'entre nous, à notre propre façon, bien sûr. Car cela nous ouvrira à une nouvelle façon d'être radicale, qui nous apportera la paix intérieure et un centre calme, quand tout autour de nous n'est que chaos tourbillonnant.

Quand nous sommes dans notre véritable centre, nous devenons une aide généreuse pour les autres. Je suis sûre que je n'ai pas besoin de te le dire, nous avons besoin de plus de générosité dans notre monde. Nous avons besoin de plus de paix et de nouvelles façons d'être. Nous avons besoin de nouvelles façons d'agir, d'honorer les différences, et de créer le genre de changement qui inspirera l'inclusion, les ressources partagées, et une vision durable. Nous avons besoin d'un leadership compatissant, qui nous guide à moins de haine et plus d'amour.

Notre dévotion est notre vote en motion (n.d.tr.: en mouvement). Que choisissons-nous activement ? Nous avons un grand pouvoir pour faire une différence dans nos propres vies, dans nos communautés, dans notre monde, dans le collectif.

Maintenant est venu le temps de se rappeler qu'il y a une force, une énergie, une alliée qui attend sur nous, sur nous toutes. La chose est, que nous ne pouvons recevoir le cadeau de cette alliée à moins que nous nous attendrissions, ouvrions, et que nous nous préparions à recevoir.

Tu n'as pas besoin de t'acheter un billet d'avion pour l'océan. Tu peux trouver tes pieds immédiatement et voir dans quelle direction ils veulent bouger.

*Quel est le portail de ta vie et comment te raccompagne-t-il à ta dévotion ? Quelle est l'entrée ou le portail sacré où vit ta lumière ? Ou résident tes guides, Créateur.ice, esprit, ange, quelque soit la façon dont tu les appelles ? Comment peux-tu faire un pas, faire un petit geste pour t'offrir à leur sagesse et à leur amour ?*

*Qu'est-ce qui te retient ?*

*Quels obstacles sont sur ton chemin ?*

L'obstacle est aussi un portail sacré. Laisse des pétales de rose là, aussi.

Une force profonde et tendre émerge lorsque l'on fait cela. Et plus on le fait, plus on peut se rappeler rapidement que notre désir nous guide au sentiment d'appartenance. Notre muscle de la mémoire, nos sens, notre peau, se souviennent. Ainsi le fait notre esprit, qui aime être près de notre âme de cette façon. Cela peut être un chemin pour s'accorder subtilement à la lumière qui entre. C'est comme utiliser ton propre vaisseau ; ton mental, ton cœur, ton corps, ton esprit, et ton âme, pour être le tirage du tarot, le pendule, l'Oracle.

Tu es sacrée.

Tu es l'Oracle.

Ton corps, cœur, et ton mental ont des façons illimitées d'accéder à cette sagesse, à la réhabilitation de l'esprit.

Finalement, La Maîtresse du Désir veut te rappeler, qu'il n'y a pas de séparation.

Ton corps, ton essence, ton être sont le portail.

Tu es l'autel où toute la sagesse et l'amour résident déjà. Et tes actions, chacun de tes gestes, une offrande.

Tu es désirée.

Trouve une manière de permettre à ton désir de savoir que tu es ouverte à recevoir.

Un seul pas suffira.

# Davantage de pétales de rose

Mon temps avec La Maîtresse du Désir a été comme se trouver chez une apothicaire sauvage. Il y a des fleurs séchées et des herbes qui pendent des poutres, des bouteilles en verre remplies de teintures, des élixirs floraux et toutes sortes de robes dans de magnifiques coloris. Et les murs, les celliers, et les sols embaument les anciennes épices et huiles sacrées issues d'arbres qui étaient l'onction de la terre. Nos visites sont comme des prescriptions, des ordonnances.

Depuis sa première visite dans mes rêves et jusqu'à maintenant, chaque jour quand je m'assieds pour écrire, je change. Pas en quelque chose de nouveau mais en retournant à l'intérieur de moi-même. Elle me l'a dit, encore et encore, cette médecine est juste pour moi. Elle est pour toi, aussi, chère lectrice.

Avec les larmes qui nettoient mes yeux maintenant, je te demande de t'ouvrir à ce savoir. Je t'invite chez l'apothicaire de notre temps. Sois simplement avec ta connaissance. J'ai la certitude que ces mots sont venus à toi juste au bon moment.

Alors que je complétais ce que je pensais être le dernier chapitre, j'ai demandé si il y avait quelque chose d'autre qu'elle voulait que nous sachions. Elle a offert de nombreux, et nombreux autres mots. Ce chapitre vient comme une offrande. Ces mots finaux, comme un geste d'amour.

La Maîtresse du Désir veux que nous sachions tout ce qui est disponible et ce qui nous désire ardemment, qui a envie de nous.

Elle vient à ta rencontre car au fil de la lecture, tu es venue à sa rencontre, encore et encore, en tournant chaque page. Elle partage la médecine qu'elle a recueillie à travers le temps et l'espace, la ramenant ici pour nous, maintenant, pour incarner la véritable et généreuse tendresse que nous sommes.

Elle veut que nous fassions tout ce que nous pouvons pour ouvrir nos esprits davantage et actualiser l'abondant sentiment d'appartenance de qui nous sommes.

*P*remièrement, la pratique simple de tranquilliser nos esprits au moins une fois par jour, et de demander la guidance, est quelque chose qu'Elle veut pour nous toutes.

Cela construira la confiance en nous-mêmes et notre propre sagesse intérieure que nous avons besoin de renforcer, dit-Elle. Cela cultivera également une relation profonde avec Elle ou selon votre demande, l'Esprit, le Créateur, Mère Terre, le Divin Féminin, un guide ou un allié.

La Maîtresse du Désir dit,

*la prière ou le chant, un murmure tranquille, ou une rivière de larmes, tout m'attire à tes côtés.*

*Le tarot ou un pendule sont aussi des moyens de m'appeler.*

*Je peux t'aider à expérimenter et
faire confiance à ton intuition.
Le journal intime est un autel.
Les tirage de cartes sont des autels.
Les processus créatifs sont des autels.
Ce sont des portails,
la porte d'entrée de ton être supérieur,
Vers les gardiennes de la
sagesse qui vivent en nous.*

La pratique de la gratitude est essentielle. C'est un nectar pour notre esprit et notre corps. Cela influencera nos vies de façon spectaculaire, nous aidant à expérimenter notre complétude. La science le prouve encore et encore. La gratitude est une autre manière de laisser des pétales de rose à l'entrée et allégera une grande souffrance. Que tu trouves un journal que tu aimes et que tu y écris quelque chose quotidiennement, ou que tu penses simplement à ce pourquoi tu te sens emplie de gratitude quand tu te lèves le matin et quand tu te couches le soir, te permettra de connaître plus de calme, de clarté, et de résilience.

Le temps du rêve est aussi un portail. Avant de t'endormir, demande une guidance dans tes rêves. Tes rêves sont des portails, ta demande, les pétales de rose. Garde du papier et un stylo à côté de ton lit ou un moyen d'enregistrer, pour t'aider à te remémorer la sagesse qui émerge.

La Maîtresse du Désir souhaite ardemment nous entendre au sujet de nos rêves et visions. Elle dit que nos rêves et nos désirs l'attirent à nos côtés.

> *Rappelle-toi que je veux*
> *être près de toi.*
> *Juste comme l'océan qui*
> *attend ton pied,*
> *je veux connaître tes espoirs,*
> *tes rêves, et aspirations.*
> *C'est de cette façon que*
> *tu peux m'appeler.*

Crée un autel en hommage à ce que tu aimes.

Qu'est-ce qui appartient à cet autel ? De quoi peux-tu nourrir cet hôtel ? Un peu d'eau, une bougie, une pierre ou un cristal, quelques mots ? Ces choses peuvent englober tous les éléments : la terre, l'eau, le vent, le feu, et l'espace. Tu pourrais placer une offrande sucrée, aussi, comme un peu de chocolat, ou un petit pot de miel.

Où tu vis, y a-t-il un arbre qui t'attire ? Un endroit avec des pierres et des rochers intéressants ? Tu pourrais aussi laisser une offrande là, dans la nature. Préférablement une offrande qui se décomposera naturellement à travers le temps. Tu pourrais t'asseoir près d'une rivière ou d'un courant, n'importe quel point d'eau, et simplement respirer.

Laisse ta respiration être les aspirations que tu envoies à l'eau, pour qu'elle les laisse s'écouler dans le monde et à nouveau vers toi.

La racine de coeur de tout cela est la luminosité éclatante du cristal qui brûle ardemment au centre de notre être. C'est la cérémonie.

La cérémonie se manifeste en tout temps.

Laisse un mot d'amour pour ton désir.

Respire. Elle viendra.

Tu es un vaste océan d'expérience, de désir, d'espoir, de perte, de beauté, de peur et d'amour.

Tu es un autel, digne d'amour.

La Maîtresse du Désir veut que nous sachions que nous appartenons toutes à l'amour.

Quand le deuil est au creux de nos mains, nous appartenons encore à l'amour.

C'est pourquoi nous désirons ardemment.

*P*rends un moment maintenant pour créer un peu d'espace pour écrire, parler, chanter, danser, ou incarner d'une manière, ton plus grand défi (tu pourrais faire l'exercice d'incarnation comme je l'ai mentionné plutôt, par exemple). Après avoir pris quelques instants pour te centrer et respirer, écris simplement une question ou une préoccupation sur un côté de la feuille, puis de l'autre côté, commence à écrire et regarde quelle réponse vient.

*À quoi ressemble ta peur ou ton défi, quel est son son, quel est son goût, sa texture ? Va à sa rencontre. Éloigne-toi un peu si tu en as besoin. Puis essaye de te rapprocher un peu, avec curiosité.*

*Que vois-tu ? Que veut ce défi, vraiment, maintenant ? Comment peux-tu écrire ou incarner cela ? Si rien ne te retient, que voudrais-tu vivre, dire, et faire ?*

*Comment et qui serais-tu ?*

*T*out ce qui est rose est une aide pour se connecter à Elle.

Un bain chaud parsemé de pétales rose, siroter une tasse de tisane de rose, sont deux façons magnifiques de se reposer dans l'autocompassion et de comprendre les qualités d'amour du désir et de ce qui nourrit le coeur. Utiliser un quartz rose ou prendre un élixir de fleurs de rose. Cultiver des roses juste à l'entrée de ta maison ou dans ton jardin peut encourager un souvenir magique de l'essence de la rose et de ses pouvoirs guérisseurs. Si tu ne peux pas faire pousser des roses, visiter une roseraie est tout aussi somptueux et bon pour le cœur.

Les études ont même montré que regarder une image de roses produit un effet bénéfique similaire. Ces pratiques ne feront que multiplier et créer des vagues d'amour dans le monde, jusqu'aux confins de l'humanité. Et nous en bénéficierons toutes.

La Maîtresse du Désir a une très longue liste de toutes les façons dont nous pouvons laisser des pétales de rose à l'entrée. Elle suggère que lorsque nous nous engageons dans ces démarches nous pensions simplement à Elle.

*Allumer une bougie.*

*Dire une prière.*

*Écrire un poème.*

*Faire un vœu, l'écrire.*

*Le placer à un endroit spécial.*

*Laisser une offrande.*

*Créer un tableau de vision.*

*Aller au parc et faire de la balançoire.*

*Marcher en direction de ce que tu aimes.*

*Demander de l'aide.*

*Plonger ton corps dans l'eau et t'ouvrir.*

*T'étendre sur la terre et t'ouvrir.*

*Te laisser pleurer.*

Tomber à genoux.

Danser.

Faire de l'art.

Faire l'amour.

Manger du cake.

Faire quelque chose qui
t'apporte du plaisir.

Colorier.

Parler à une fleur.

Tenir quelque chose que tu aimes.

Laisser un mot gentil sur la voiture
de quelqu'un « juste parce que ».

Penser à quelqu'un qui a besoin
d'aide ou d'encouragements est

imaginer que tu les lui donnes.

Récemment, La Maîtresse du Désir m'a enseigné que je peux fermer mes yeux et tirer la médecine de la terre par mes pieds et à travers tout mon corps. La lumière d'en haut est aussi disponible, et peut-être absorbée vers le bas à travers mon chakra coronal et à travers mon corps. La rencontre se fait au centre du cœur. Je suis soignée, énergétisée, je suis un phare. Elle m'a appris que cela peut se faire à tout moment.

*Amener la lumière à l'intérieur ainsi, est une manière de laisser les pétales de rose à l'entrée. C'est une façon de laisser la lumière venir à toi,*

Dit-elle.

Quoi que tu fasses, fais-le avec amour ainsi qu'une volonté de t'adoucir. C'est ainsi que La Maîtresse du Désir sera près de toi, te guidant, te montrant le chemin.

À cet instant, Elle attend.

Ce sentiment d'appartenance est un acte cocréatif. Une collaboration sacrée. Nous sommes si nombreuses à avoir oublié. Nous ne sommes pas seules. Jamais. Un soutien radieux nous attend toujours, tout près.

Finalement, La Maîtresse du Désir veux que tu saches que tu es l'entrée et les pétales de rose. Il n'y a pas de séparation entre nous. Ton corps, ton essence, ton être est le seuil, le portail. L'autel où toute sagesse et amour réside déjà. Et tes actions, chacun de tes gestes, une offrande.

Elle veut que tu saches, alors que tu lis ces derniers mots maintenant, qu'Elle est là.

Elle sera encore avec toi une fois que tu auras fermé le livre.

Elle veut que tu te souviennes.

# Poème de la Maîtresse du Désir

Je suis La Maîtresse du Désir
avec toi depuis le commencement
Je suis l'invitation et tes mains
ouvrant l'enveloppe
Le désir t'a amenée ici
Et te donne naissance encore et encore
Je suis l'impulsion de vie
le portail de chaque nouveau souffle
La clé qui libère ta vision
Je suis l'épanouissement
De l'ouverture douce du désir
Quand tu fermes tes yeux
Emplie D'extase
J'entre
Je suis le souffle du vent
qui empourpre ton âme
Laisse des pétales de rose à l'entrée
Je viendrai.

# Remerciements

J'aimerais remercier mes guides pour avoir déverrouillé les portes et m'avoir montré le chemin. La lampe à Beurre pour son instruction sacrée et sa générosité. Mon mari, pour son amour incomparable, son enthousiasme infini, et sa façon d'honorer. Julie Daley pour son soutien plein d'âme, son timing divin, et ses encouragements. Et Womancraft publishing d'avoir cru aux messages contenus dans ce livre.

Bien sûr, je veux exprimer ma profonde gratitude à La Maîtresse du Désir pour sa dévotion sans limite et son accompagnement sans faille.

Et et pour toi, qui lis ceci maintenant, merci.

# Au sujet de l'autrice

Wendy Havlir Cherry est une poétesse, enseignante, autrice, et praticienne en chamanisme. Elle possède deux Master du collège St-John en études classiques orientales, en Sanskrit et Art libéral, et un troisième Master de l'université de Naropa en orientation et psychothérapie contemplative.

Wendy a travaillé de nombreuses années en tant que psychothérapeute avec des personnes de façon individuelle et en groupe, pour découvrir, réclamer, et autonomiser leur sagesse profonde et intérieure, ainsi que leurs savoirs intuitifs.

Elle est une étudiante au long cours de la Doctoresse Clarissa Pinkola Estès professeure, mysticisme, voie chamanique et poésie dévotionnelle. Elle offre de la guidance individuelle et des expériences de retraites en groupe, combinant son expertise professionnelle avec une sagesse ésotérique et une expérience de vie ancrée dans la pratique dévotionnnelle quotidienne, incluant la méditation, la visualisation guidée, la création d'autels, la création d'espaces sacrés, le rituel, la cérémonie et la conterie.

Elle habite à Asheville, North Carolina. C'est son second livre. Le premier est *The Reach is (W)holy; Poetry Inspired by the sacred*, publié en 2017 (non traduit).

SHEGATHERSBEAUTY.COM
INSTAGRAM @SHEGATHERSBEAUTY

# Au sujet de l'artiste

Lisebeth Cheever–Gessaman est une artiste visuelle qui mélange technologie et médiums traditionnels pour créer de nouvelles interprétations servant d'offrande spirituelle et de prière pour le divin. Utilisant une gamme flexible de médias et un large éventail de surfaces et de contextes, sa production artistique est l'union de l'âme créative qui explore les constructions mythologiques et chamaniques en incorporant l'art et le talisman pour créer un (troisième) phénomène, ou une réalité magique. Cette augmentation de phénomènes discrets est dédié à la célébration du féminin sacré, une offrande de beauté ainsi qu'une prière au monde sacré et invisible qui nous donne vie. Elle est l'illustratrice de « l'Oracle du Féminin Sacré », « Spellcasting Oracle Cards », et « The Sutras Of Unspeakable Joy », par Megan Watersson. Elle crée et vit dans les montagnes éclectiques de Manitou Springs, CO.

**SHEWHOISART.COM**
**INSTAGRAM @SHEWHOIS**

# Au sujet de la traductrice

Zoé Genet est une artiste multidisciplinaire. Anciennement enseignante et céramiste, un épisode de maladie profonde, la guide à nouveau vers son désir ardent.

À travers le long travail de recouvrement de sa santé, de visite de ses ombres les plus sombres, tout en faisant un travail psychothérapeutique, chamanique, d'art thérapie et de peinture pleine conscience, elle se reconnecte à son essence. Sa part créative qui la maintient en santé.

Zoé crée des objets rituels et, entre autres, des serviettes hygiéniques lavables illustrées de dessins de soin, qu'elle reçoit à travers des visions. En parallèle, elle transmet la menstruation consciente qui permet aux femmes de s'accueillir, de s'aimer à travers leur cycle menstruel et sa dimension spirituelle.

Zoé continue son travail purement créatif et intuitif à travers l'illustration, la peinture, la sculpture, le chant, et l'écriture.

« La Maîtresse du Désir » est le second ouvrage qu'elle traduit pour Womancraft Publishing. Comme pour le premier, « Rejoindre la Lune », c'est un véritable appel de son âme qui lui donne l'énergie de faire exister cet ouvrage en français pour que toutes ses sœurs francophones puissent accueillir les messages de la Maîtresse du Désir.

WWW.LUNES.BIZ
INSTAGRAM @L_U_N_E_S

# Au sujet de Womancraft Publishing

Womancraft Publishing a été fondée en 2014 à partir de la vision révolutionnaire que les femmes et les mots peuvent changer le monde. Nous agissons telle une sage-femme pour les mots transformateurs des femmes qui ont le pouvoir de mettre au défi, d'inspirer, de guérir et de parler aux aspects bâillonnés de nous-mêmes.

La communauté Womancraft grandit à l'international d'année en année, semant des tentes rouges, des groupes de lecture, des cercles de femmes, des cérémonies et des cours qui honorent le Féminin.

Nous sommes le changement que nous voulons voir dans ce monde.

Rejoignez la mailing liste pour des extraits de nos nouveaux titres, ainsi que des offres exclusives de précommandes, des rabais et des news de Womancraft.

**WOMANCRAFTPUBLISHING.COM**

Rejoignez la communauté sur nos médias sociaux.

- womancraftpublishing
- womancraftbooks
- womancraft_publishing

www.ingramcontent.com/pod-product-compliance
Lightning Source LLC
Chambersburg PA
CBHW031546080526
44588CB00018B/2718